BEI GRIN MACHT SICH IHR
WISSEN BEZAHLT

- Wir veröffentlichen Ihre Hausarbeit,
  Bachelor- und Masterarbeit

- Ihr eigenes eBook und Buch -
  weltweit in allen wichtigen Shops

- Verdienen Sie an jedem Verkauf

Jetzt bei www.GRIN.com hochladen und kostenlos publizieren

Bibliografische Information der Deutschen Nationalbibliothek:

Die Deutsche Bibliothek verzeichnet diese Publikation in der Deutschen National-
bibliografie; detaillierte bibliografische Daten sind im Internet über http://dnb.d-
nb.de/ abrufbar.

Impressum:

Copyright © 2015 GRIN Verlag, Open Publishing GmbH
Druck und Bindung: Books on Demand GmbH, Norderstedt Germany
ISBN: 9783668303256

Dieses Buch bei GRIN:

http://www.grin.com/de/e-book/340906/gordon-w-allports-die-natur-des-vorurteils-
ein-ueberblick-ueber-die

Alexandra Freudigmann

Gordon W. Allports "Die Natur des Vorurteils". Ein Überblick über die Vorurteilsforschung

GRIN Verlag

GRIN - Your knowledge has value

Der GRIN Verlag publiziert seit 1998 wissenschaftliche Arbeiten von Studenten, Hochschullehrern und anderen Akademikern als eBook und gedrucktes Buch. Die Verlagswebsite www.grin.com ist die ideale Plattform zur Veröffentlichung von Hausarbeiten, Abschlussarbeiten, wissenschaftlichen Aufsätzen, Dissertationen und Fachbüchern.

Besuchen Sie uns im Internet:

http://www.grin.com/

http://www.facebook.com/grincom

http://www.twitter.com/grin_com

FOM Hochschule für Ökonomie & Management Essen

Berufsbegleitender Studiengang zum
Bachelor of Science in Betriebswirtschaft und Wirtschaftspsychologie

2. Semester

Seminararbeit in Sozialpsychologie

Gordon W. Allport
„Die Natur des Vorurteils"

Abgabedatum:

13.01.2015

Inhaltsverzeichnis

1. Einführung

„Wage es, dich deines eigenen Verstandes zu bedienen"[1]

Diese Seminararbeit beschäftigt sich mit der Person Gordon Willard Allport, seinem Leben sowie mit seinem Wirken und seinen Veröffentlichungen im Bereich der Sozialpsychologie. Hauptsächlich wird im Rahmen der Arbeit auf eine seiner bekanntesten Publikationen, „Die Natur des Vorurteils" eingegangen.

Allport, der als Begründer der experimentellen Sozialpsychologie gilt, setzt sich kritisch mit Entstehung, Auswirkung und Problematik des Vorurteils auseinander.[2] Die Sozialpsychologie definiert er wie folgt:

„Sozialpsychologie ist der Versuch, zu verstehen und zu erklären, wie die Gedanken, Gefühle und Verhaltensweisen von Personen durch tatsächliche, vorgestellte oder erschlossene Anwesenheit anderer Menschen beeinflusst werden."[3]

Eben diesen Versuch stellt Allport im Bezug auf die Natur der Vorurteile in seinem danach benannten 600-seitigen Werk an. Aufgrund des Umfangs wird sich diese Seminararbeit auf ausgewählte Themen beschränken. So wird auf die Entstehung des Vorurteils eingegangen und dabei der Schwerpunkt auf das Thema Konformität gelegt. Bei der Dynamik des Vorurteils wird der Zusammenhang zwischen Frustration, Aggression und Angst auf das vorurteilsbehaftete Verhalten von Personen erläutert. Die Allport-Skala, welche zuletzt vorgestellt wird, zeigt die verschiedenen Ebenen der Feindseligkeit auf, die anderen Personengruppen gegenüber gehegt werden können.

Sind Vorurteile fest und unlösbar in der Denkweise der Gesellschaft verankert oder kann mittels des Verstandes aus diesem „Schubladendenken" ausgebrochen werden? Diese Frage wird im Rahmen dieser Arbeit mithilfe Allports wissenschaftlichen Ansätzen beantwortet.

Ziel der zugrunde liegenden Arbeit ist es, einen Überblick über Allport selbst sowie seine Vorurteilsforschung zu bekommen.

---

[1] Sapere aude; lat. Sprichwort.

[2] Vgl. Coester (2007), S. 255

[3] Jonas et al.(2003), S.360.

2. Gordon Allport

2.1. Biografie

Gordon W. Allport wird am 11. November 1897 in Montezuma, Indiana als Sohn eines Landarztes und einer Lehrerin geboren. Er ist der jüngste von fünf Brüdern und wächst in einem strengen und sehr frommen protestantischen Umfeld auf.[4]

Allport gilt bereits als Kind als eine sehr introvertierte, ruhige und wissbegierige Person. Letzteres bestätigt sich, als er bereits die Grundschule als Zweitbester seines Jahrgangs abschließt. Schulische Erfolge bleiben auch weiterhin nicht aus. So studiert er 1915 bis 1919 in Harvard Sozialethik und Psychologie und lehrt anschließend Englisch und Soziologie in Istanbul. Weitere Auslandsaufenthalte in Europa folgen. 1920 trifft er beispielsweise in Wien den **Begründer der Psychoanalyse**, Sigmund Freud. Zwischen 1920 und 1922 arbeitet er an seiner Doktorarbeit „An Experimental Study of Traits of Personality: With Special Reference to the Problem of Social Diagnosis", welcher er 1922 seinen Titel des „Doctor of Philosophy" verdankt.[5]

Danach zieht es Allport erneut ins Ausland. Er studiert in Berlin, Hamburg und auch an der Cambridge University in England. Auf dieser Reise wird Allport in die Gestaltpsychologie von Max Wertheimer und Wolfgang Köhler sowie in die personalistische Psychologie des Begründers der Persönlichkeitspsychologie, William Stern, eingeführt.[6] Dieser beeinflusste Allports Persönlichkeitspsychologie am meisten. Im Vorwort zur deutschen Ausgabe seines Werkes „**Personality: A psychological interpretation**" führt er die deutschen Psychologen William Stern, Eduard Spranger, Max Wertheimer und Kurt Lewin auf, welche rückblickend die Basis seiner Werke und seiner Ansichten bilden, auf denen Allport seine wissenschaftlichen Arbeiten aufgebaut hat.[7]

1925 heiratet er die klinische Psychologin Ada Lufkin Gould, mit der kurz darauf seinen Sohn Robert bekommt.

In den Jahren 1924 bis 1926 lehrt Allport an der Harvard University Sozialethik und hält die erste Vorlesung zum Thema Persönlichkeit in den Vereinigten Staaten:

---

[4] Vgl. Schlüter, C. (2007), S. 220.

[5] Vgl. ebenda, S. 220.

[6] Vgl. ebenda, S. 220.

[7] Vgl. Allport, G.W. (1937), S. 13.

„Personality: Its Psychological and Social Aspects"[8].

Nach einem vierjährigen Aufenthalt am Dartmouth College in New Hampshire als Assistenzprofessor für Sozial- und Persönlichkeitspsychologie, kehrt Allport zurück nach Harvard, wo er auch bis zu seinem Tod, am 9. Oktober im Jahr 1967, als Professor tätig ist.[9]

2.2. Reputation

Ein belegtes Beispiel für die Motivation bzw. die Inspiration, aufgrund deren Allport den Weg der Psychologie einschlägt, gibt es nicht. Jedoch lassen sich anhand seiner Kindheit und Jugend ein paar Annahmen treffen:

Zum einen wächst Gordon W. Allport, wie eingangs erwähnt, als Sohn eines Landarztes auf. Er ist dadurch stets umgeben von Patienten und der Arbeit seines Vaters. Daher lernt er früh, auf das Befinden der Menschen zu achten.

Zum anderen studierte sein großer Bruder, Floyd Henry Allport, ebenfalls an der Harvard University Psychologie, was wiederum auch eine Inspiration für Allport gewesen sein könnte.

Heute wird Allport als Pionier der Sozialpsychologie gesehen. Seine Theorien bilden die Basis von Forschungsarbeiten vieler renommierter Sozialpsychologen, wie beispielsweise Arie Kruglanski, welcher die Vorteilsforschung nach Allport weiter voran trieb.[10]

Allport war ein sehr angesehener Dozent. Er schaffte es die Denkweise seiner Studenten, darunter unter anderem Jerome Bruner und Stanley Milgram, zu beeinflussen. Beide gehören, wie Allport, inzwischen zu den bekanntesten Sozialpsychologen.[11]

Doch nicht nur Studenten und Forscher interessieren sich für seine Werke, auch bekannte Bürgerrechtler wie Martin Luther King und Malcom X haben sein Buch „Die Natur des Vorurteils", welches auch heute noch gedruckt wird, gelesen.[12]

---

[8] Vgl. Salzborn, S. (2014) S. 174 ff.

[9] Vgl. Homepage der Harvard University.

[10] Vgl. Rettig, D. (2012).

[11] Vgl. Homepage der Harvard University.

[12] Vgl. Homepage der Harvard University.

Aufgrund des breiten und langlebigen Einflusses seiner Forschungen belegt Gordon Willard Allport auf der Liste der **American Psychological Association** den elften Platz von 100 der bedeutendsten Psychologen des 20. Jahrhunderts.[13]

Wissenschaftliche Datenbanken zeigen, dass Allports Werk „Die Natur des Vorurteils" bis 2012 mehr als15.000 mal zitiert wurde.[14]

2.3. Werke

Allport verfasst viele Bücher, welche für die Sozialpsychologie auch heute noch eine große Rolle spielen. Die bekanntesten Werke sind[15]:

1937: *Personality: A psychological interpretation.* New York: Henry Holt.

1942: *The use of personal documents in psychological science.* (Bulletin 49).
    New York: Social Science Research Council.

1950: *The individual and his religion.* New York: Macmillan.

1954: *The nature of prejudice.* Reading, MA: Addison-Wesley.

1955: *Becoming: Basic considerations for a psychology of personality.*
    New Haven: Yale University Press.

1960: *Personality and social encounter.* Boston, MA: Beacon

1961: *Pattern and growth in personality.* New York: Holt, Rinehart and Winston.

1965: *Letters from Jenny.* New York: Harcourt, Brace and World.

1968: *The person in psychology: Selected essays by Gordon W. Allport.* Boston,
    MA: Beacon Press. (postum erschienen)

3.   Die Natur des Vorurteils

3.1 Überblick

Im folgenden Kapitel wird zunächst der Begriff Vorurteil definiert. Darauf folgt ein Überblick über Allports bekannteste Veröffentlichung „Die Natur des Vorurteils".

"Ein Vorurteil ist eine dem Stereotyp nahestehende Einstellung (Meinungsbildung), die kaum auf Erfahrung (Information, Sachkenntnis), umso mehr auf subjektiver Eigenbildung bzw. Generalisierung von Ansichten usw. beruht. Kennzeichnend für das Vorurteil ist auch die zähe, unflexible, unreflektierte Fortdauer und die meist

---

[13] Vgl. Homepage der Harvard University.

[14] Vgl. Salzborn, S. (2014), S. 174 ff.

[15] Evans, R. I. (1976), S. 223.

zerstörerische (selten förderliche) Wirkung, die es im Gemeinschaftsleben entfalten kann."[16]

Allports Werk „Die Natur des Vorurteils" wurde erstmals 1954 von der Addison-Wesley Publishing Company Inc. veröffentlicht. Es umfasst Thesen und Studien, mit welchen der Sozialpsychologe dem Leser das Thema Vorurteil näher bringen will. Der Autor betont, dass er das Buch beabsichtigt nicht in einem wissenschaftlichen Jargon verfasst habe, da er jedem der sich für das Thema interessiert die Möglichkeit geben möchte sein Werk zu verstehen. Sei es der Professor, der Psychologiestudent oder gar der „Alltagspsychologe", jeder der sich für dieses Thema interessiert.[17]

Allport ist der Überzeugung, dass die Psychologie mit Hilfe seiner Arbeit zur Verbesserung der interpersonellen Beziehungen beitragen kann. Die psychologische Seite allein wird jedoch nicht ausreichen, dabei müssen auch andere Wissenschaften einen Beitrag leisten um die Rolle der soziokulturellen-, historischen-, psychologischen sowie ökonomischen- und ökologischen Faktoren zu klären. Desweiteren müssen die wissenschaftlichen Ergebnisse verbreitet werden. Genau hier sieht Allport die Aufgabe seines Buches.[18]

Das Buch ist ein „Versuch ethnische und soziale Antagonismen empirisch aufzuzeigen und sie auf ihre verschiedenartigen Wurzeln zurückzuführen."[19]

3.2 Erwerb von Vorurteilen

In seinem bekanntesten Werk „Die Natur des Vorurteils" (engl. „Nature of prejudice"), aus dem Jahr 1954, geht Gordon Allport im fünften Kapitel auf den Erwerb von Vorurteilen ein.

Hier beschreibt Allport anfangs den Begriff der Konformität. Konformität bedeutet, die eigenen Einstellungen, Haltungen und Verhaltensweisen denen der anderen Gruppenmitglieder unaufgefordert anzupassen. Gemeint ist, sich seiner Gesellschaft und Kultur entsprechend zu verhalten. Wobei jedoch unterschiedliche Ausprägungen bestehen. Ein Beispiel für ein unbewusstes konformes Handeln ist es,

---

[16] Dorsch, F. et al. (2004) S. 741.

[17] Vgl. Allport, G. W. (1954), S. 13.

[18] Vgl. ebenda, S. 516.

[19] Allport, G. W. (1954), S. 516

beispielsweise erst die Frau und dann den Mann zu grüßen. Dann gibt es darüber hinaus auch tiefer gehende Sitten. Gordon Allport nennt hier das Recht auf Eigentum. Besonders wichtig ist einigen Menschen auch die Zugehörigkeit zu einer Gruppe, die eine kulturell-tradierte Lebensweise führt. Ein Beispiel hierfür ist die Zugehörigkeit zu einer Glaubensgemeinde.[20]

Es wird davon ausgegangen, dass Kinder in dieselbe ethnische und religiöse Gruppe gehören wie ihre Eltern. Das Kind wird dieselben Vorurteile annehmen, die auch seine Eltern haben und im Umkehrschluss werden es auch die Vorurteile treffen, die gegen seine Eltern gerichtet sind.

Ethnische Einstellungen und Überzeugungen werden nicht über Vererbung weitergegeben, sondern erlernt. Kinder haben eine intuitive Abneigung gegen alles, was sich gegen die Lebensweise oder Ansichten der Eltern richtet. Diese sind für sie allwissend und allmächtig. Für das Kind ist deren Urteil unter dem darwinistischen Aspekt überlebenswichtig. Konformität ist daher ein starkes Bedürfnis des Kindes. Es möchte von seiner Gruppe angenommen werden.[21]

Kinder ahmen die Eltern nach und identifizieren sich mit ihnen. Überzeugungen, Abneigungen, Gesten, Worte sowie Verhaltensweisen werden übernommen und ausgelebt. Haben Eltern beispielsweise eine distanzierte und kühle Haltung gegenüber Obdachlosen, wird das Kind es ihnen gleich tun. Dies liegt daran, dass es noch zu jung ist sich eine eigene Einstellung zu diesem Thema zu bilden.

Zwar ist der Ursprung der Vorurteile die Konformität zum Elternhaus, aber das heißt nicht gleich, dass das Kind ein Spiegel seiner Eltern ist. Sobald es sich in seinem kulturellen Umfeld außerhalb des Hauses aufhält und andere Eindrücke erhält beginnt es eine gewisse Skepsis zu einigen, ihm angelernten Themen, zu entwickeln.[22]

Es muss daher zwischen den übernommen und den entwickelten Vorurteilen unterschieden werden. Wie bereits dargestellt, werden die übernommenen Vorurteile und Stereotypen der Lern- und Gruppendynamik zugeschrieben. Aufgenommen werden diese im familiären und kulturellen Umfeld.

Die entwickelten Vorurteile dagegen sind in der Regel auf eine strenge und lieblose Kindererziehung zurückführen. Diese Elternhäuser bieten die Voraussetzung für

---

[20] Vgl. Allport, G. W., (1954) S. 291.

[21] Vgl. ebenda, S. 298.

[22] Vgl. ebenda, S. 299.

Vorurteilhaftigkeit indem sie Ungehorsam bestrafen, unter anderem mit dem Entzug der Liebe. Das Kind fühlt sich alleine und hilflos. Es erlernt daraus die Billigung bzw. die Missbilligung der Eltern. Außerdem erkennt es, dass nicht Toleranz und Vertrauen über zwischenmenschliche Beziehungen bestimmt, sondern Autorität und Macht. Muss das Kind seine Impulse, wie zum Beispiel Wutanfälle, nicht unterdrücken, wird ihm die Elternrolle nicht als Autorität und Machtinstanz anerzogen. Es entwickelt eine grundlegende Vorstellung von Toleranz, Gleichberechtigung und Vertrauen.[23]

3.3 Dynamik des Vorurteils

Im sechsten Kapitel beschäftigt sich Allport mit der Dynamik des Vorurteils. Er zeigt auf, wie nahe Frustration und Aggression beieinander liegen und welche Auswirkungen diese sogenannte Frustrations-Aggressions-Verschiebung hat.

Ein Beispiel hierfür kann man im Alltag oft an der Supermarktkasse beobachten. Ein kleines Kind möchte eines der vielen Süßigkeiten, die an der Kasse angeboten werden. Erlaubt die Mutter dies aber nicht, so kann beobachtet werden, dass einige Kinder auf diese Frustration mit Aggression reagieren. Sie schreien, stampfen und werden wütend. Dieses Beispiel beinhaltet zwar keinen Bezug zu einem Vorurteil, dient jedoch dazu, den Zusammenhang der beiden Eigenschaften Frustration und Aggression zu verstehen. Nun kann auch der Bezug des Vorteils eingebracht werden. Nicht jede Form von Frustration entwickelt sich zu einer vorurteilsbehafteten Einstellung gegenüber anderen. Jedoch ist diese Tendenz beispielsweise bei einer ökonomischen Frustration des Öfteren zu beobachten. Bei Unzufriedenheit im Beruf oder bei einer hohen Arbeitslosigkeit zeigt sich die Korrelation zwischen der Frustrations-Aggressions-Verschiebung und den Vorurteilen.[24] Der Judenhass, unter anderem in Deutschland, begann damit, dass die Bevölkerung einen Sündenbock suchte, der für die hohe Arbeitslosigkeit verantwortlich gemacht werden konnte. Es wurde behauptet, dass die Juden der einheimischen Bevölkerung die Arbeitsplätze wegnehmen würden.[25]

Mithilfe dieses Ansatzes wird verständlich, wie in der Dynamik von Frustration und Aggression auch die daraus resultierende Angst zu Vorurteilen führen kann. Angst

---

[23] Vgl. Allport, G. W. (1954) S. 304 f.

[24] Vgl. ebenda, S. 249.

[25] Vgl. ebenda, S. 356.

macht wachsam und führt dazu, dass viele Reize für bedrohlich gehalten werden. Wenn eine Person unter ständiger Angst lebt, ihren Arbeitsplatz zu verlieren, kann dies schnell dazu führen, dass sie empfänglich dafür wird, einen Ausländer als potentielle Gefahrenquelle wahrzunehmen, welche ihm seine Anstellung streitig macht. Wer Angst hat, wird zunehmend misstrauisch gegenüber anderen Menschen. Insbesondere gegenüber Menschengruppen, welche aufgrund der Sprache, Kultur, des Aussehens oder der Verhaltensweise fremd sind.[26]

3.4 Allport Skala[27]

Die Allport Skala unterteilt die verschiedenen Ebenen der Feindseligkeit von der schwächsten bis zur stärksten Ebene:

I. Verleumdung:
Personen reden offen über ihre feindseligen Gefühle, sowohl mit Freunden als auch gelegentlich mit Fremden. Jedoch gehen sie nicht darüber hinaus.

II. Vermeidung:
Auch in diesem Fall wird den abgelehnten Personen kein direkter Schaden zugefügt, sondern der von Vorurteilen behaftete nimmt Unbequemlichkeiten für sich in Kauf, um jegliche Berührungs- und Kontaktpunkte zu der angelehnten Gruppe zu vermeiden. Ein Beispiel hierfür ist, dass er nicht in eine Gegend ziehen würde, in der diese Gruppe in einer hohen Dichte auftritt.

III. Diskriminierung:
Hier handelt der Voreingenommene aktiv gegen alle Mitglieder der abgelehnten Gruppe indem er sich zum Beispiel dafür einsetzt, dass diese von bestimmten Einrichtungen, wie Schulen, Arbeitsstätten und dergleichen, fern bleiben. Dies tritt beispielsweise dann auf, wenn Frauen nicht zum Wählen berechtigt sind, Homosexuelle aus einer Sportmannschaft ausgeschlossen werden oder jemandem, aufgrund seiner religiösen Überzeugung, eine berufliche Stelle verweigert wird.

IV. Körperliche Gewaltanwendung:
Die abgelehnte Gruppe wird unter gesteigerter Emotion mit Gewaltanwendung bedroht und vertrieben. In den USA kann dies oft an verfeindeten „Gangs" beobachtet

---

[26] Vgl. Allport, G. W. (1954), S. 370.

[27] Vgl. ebenda, S. 28.

werden. Diese versuchen die jeweilig abgelehnten oder gar verfeindeten „Gangs"
anderer Gruppen aus ihrem Gebiet zu vertreiben und fern zu halten.

V. Vernichtung:

Dies ist die stärkste Ebene der Feindseligkeit. Völkermord, Massenmorde und Pro-
grome gehören hierzu. Das bekannteste Beispiel der Geschichte hierfür ist Hitlers
Völkermord an den Juden. Ein aktuelles Beispiel liefert die Dschihadistenmiliz „Is-
lamischer Staat" - kurz IS. Diese verfolgt brutal alle Jesiden und schiitische Turk-
menen.[28]

Es können sowohl einzelne Personen als auch Gruppen diesen fünf Ebenen zuge-
ordnet werden. Jedoch muss beachtet werden, dass eine Ebene auch den Über-
gang zur nächststärkeren vereinfacht.

Allport skizziert hier den Verlauf der Judenverfolgung im Dritten Reich anhand seiner Skala. Die Verleumdung der Juden durch Hitler veranlasste die deutsche Bevölkerung diese zu meiden. Nun konnte man die Diskriminierung durch die Verab-
schiedung der Nürnberger Gesetze durchsetzen. Die Hemmschwelle sank und ge-
waltbereit wurden Synagogen angezündet, Läden demoliert, Juden auf offener
Straße verhaftet und anschließend in den Konzentrationslagern vernichtet.[29]

4. Praxistransfer

Allports Buch „Die Natur des Vorurteils" nennt unzählige Beispiele, welche die Vorurteile im Alltag beschreiben. Die meisten handeln vom Antisemitismus im zweiten
Weltkrieg und vom Rassenkonflikt in den Vereinigten Staaten zur etwa derselben
Zeit. Bedenkt man, dass das Buch 1954 erstmals veröffentlicht wurde, war dies zu
diesem Zeitpunkt sicherlich zeitgemäß, aber betrifft die Gesellschaft heute noch im
selben Maße oder hat sich diese hinsichtlich der Voreingenommenheit gegenüber
anderen Kulturen etc. gewandelt? Welche Auswirkung hat dies auf die heutige Gesellschaft?

Allports Beispiele haben durchaus heute noch Relevanz, da es zu beiden Themen
noch immer aktuelle Beispiele gibt. So ziehen unter anderem am 1. Mai große Ne-
onazi-Gruppen durch Berlin, in den USA entstand dieses Jahr im August ein soge-
nannter Rassenkonflikt, weil ein weißer Polizist einen schwarzen Jungen erschoss.

---

[28] Vgl. o. V. Artikel der Deutschen Welle (2014).

[29] Vgl. Allport, G. W. (1954) S. 29.

Diese Beispiele sind Extreme, die die meisten Menschen nicht direkt betreffen. Aber dennoch ist jeder Mensch Opfer des „Schubladendenkens" seines Gehirns oder des eines anderen. Verdeutlicht wird das am Beispiel Bewerbungen. In den Medien und in den Unternehmen wird hierzulande des Öfteren diskutiert, ob zukünftig die Bilder bei einer Bewerbung weggelassen werden. Hier soll der Gefahr entgegen getreten werden, dass die Bewerbungen vorurteilsbehaftet bearbeitet werden. Es gibt auch Stimmen die fordern, das Geschlecht, den Namen, das Geburtsjahr und die Adresse wegzulassen, also eine völlig anonyme Bewerbung einzureichen, um den Bewerber vor Diskriminierung zu schützen.[30]

Einige Firmen haben dieses anonyme Verfahren bereits in ihren Bewerbungsprozess übernommen. Auch in den Vereinigten Staaten und in den skandinavischen Ländern ist dies heute Praxis, unter anderem, weil Antidiskriminierungsgesetze seitens der Politik verabschiedet wurden. Ziel ist es, dass sowohl Frauen als auch Personen mit Migrationshintergrund eine gleichberechtige Chance auf eine ausgeschriebene Stelle haben. Es soll nur die Qualifikation zählen.[31]

Insbesondere wird mit diesem Verfahren der Stufe drei der Allport-Skala vorgebeugt - der Diskriminierung. Es wird verhindert, dass bestimmte Gruppen aktiv von beruflichen Stellungen, sozialen Einrichtungen oder politischen Rechten ferngehalten werden.

5. Fazit

„Wage es, dich deines eigenen Verstandes zu bedienen"[32]

Menschen neigen aus Bequemlichkeit und Konformität schnell zu Vorurteilen. Fremdes wird schnell skeptisch und kritisch beurteilt oder wertend in eine „Schublade" gesteckt. Gerne wird dies auch unterbewusst so hingenommen. Die Vorurteile werden nur dann überdacht oder gar revidiert, wenn das Gegenteil überzeugt, bzw. wenn das „Fremde" kennengelernt wird. Viel zu selten wird dabei der eigene Verstand genutzt. Gedanken darüber, wie mit Vorurteilen umgegangen werden sollte und inwiefern diese berechtigt sind, machen sich die Wenigsten.

---

[30] Vgl. Theissen, B., Budras C. (2013).

[31] Vgl. o.V., Antidiskriminierungsstelle des Bundes.

[32] Sapere aude; lat. Sprichwort

Dem Fremden sollte nicht mit Furcht, sondern mit Offenheit und Neugier entgegen getreten werden.

Meist zeigt es sich dabei, dass dieser aufwändigere Weg viel mehr Positives mit sich bringt als der schnelle Weg, den das Gehirn mit dem Schubladendenken wählt. So bereichert ein gemischtes Team aus Frauen und Männern, unter Umständen auch mit verschiedener Herkunft, oft einen Betrieb, eben gerade wegen deren Unterschiede.

Daher: Schubladen aufmachen und die Insassen raus lassen!

Literaturverzeichnis

Literatur:

- Allport G. W. (1954): Die Natur des Vorurteils, Kiepenheuer & Witsch, Köln
- Allport G. W. (1937): Persönlichkeit Struktur Entwicklung und Erfassung der menschlichen Eigenart , übertragen und herausgegeben von Dr. Helmut von Bracken im Verlag von Ernst Klett, Stuttgart
- Coester M. (2008): Hate Crimes: Peter Lang GmbH, Int. Verlag der Wissenschaften
- Dorsch F., Häcker H., Stapf K.-H. (2004), Dorsch Psychologisches Wörterbuch, Hans Huber Verlag, Auflage: 14, Bern
- Evens R. I: (1976): Psychologie im Gespräch, Springer Verlag, Wiesbaden
- Jonas, Stroebe, Hewstone; Sozialpsychologie: Eine Einführung, Springer; Auflage 4, überarbeitete u. erweiterte Auflage 2001, Nachdruck (Februar 2003)
- Salzborn S. (2014): Klassiker der Sozialwissenschaften, Springer Fachmedien, Wiesbaden
- Schlüter C. (2007): Die wichtigsten Psychologen im Portrait, Marix Verlag GmbH, Wiesbaden

Internetquellen:
- Havard University, Homepage, URL: http://www.isites.harvard.edu/icb/icb.do?keyword=k3007&pageid=icb.page1970 8&pageContentId=icb.pagecontent44003&view=view.do&viewParam_name=allp ort.html, Abruf am 05.11.2014
- o.V. (2014): Amnesty wirft Terrormilitz IS Völkermord vor, in: Deutsche Welle (DW) (02.09.2014), URL: http://dw.de/p/1D5Dx, Aufruf am 06.12.2014
- o.V. (2014); Homepage der Antidiskriminierungsstelle des Bundes, URL: http://www.antidiskriminierungsstelle.de/DE/ThemenUndForschung/anonymisiert e_bewerbungen/anonymisierte_bewerbungen_node.html, Abruf am 10.12.2014
- Rettig D. (2012): Mauer in den Köpfen – Wie entstehen Vorurteile? in: Alltagsforschung.de (4. Januar 2012), URL: http://www.alltagsforschung.de/mauer-in-den-kopfen-wie-entstehen-vorurteile/, Abruf am 05.11.2014
- Theissen B., Budras C. (2013): Anonyme Bewerbungen – Kandidat ohne Eigenschaften, in: Frankfurter Allgemeine Zeitung (25.11.2013), URL: http://www.faz.net/aktuell/beruf-chance/arbeitswelt/anonyme-bewerbungen-kandidat-ohne-eigenschaften-12675382.html, Abruf am 10.12.2014

Lightning Source UK Ltd.
Milton Keynes UK
UKIC031622030619
343635UK00007BA/46